BEI GRIN MACHT SICH IHR WISSEN BEZAHLT

AF145802

- Wir veröffentlichen Ihre Hausarbeit, Bachelor- und Masterarbeit

- Ihr eigenes eBook und Buch - weltweit in allen wichtigen Shops

- Verdienen Sie an jedem Verkauf

Jetzt bei www.GRIN.com hochladen und kostenlos publizieren

GRIN

Bibliografische Information der Deutschen Nationalbibliothek:

Die Deutsche Bibliothek verzeichnet diese Publikation in der Deutschen National-
bibliografie; detaillierte bibliografische Daten sind im Internet über http://dnb.d-
nb.de/ abrufbar.

Impressum:

Copyright © 2018 GRIN Verlag
Druck und Bindung: Books on Demand GmbH, Norderstedt Germany
ISBN: 9783668758230

Dieses Buch bei GRIN:

https://www.grin.com/document/433604

Lukas Hübner

Sportmarketing der TSG 1899 Hoffenheim. SWOT-Analyse, Merchandising, Licensing, Digitalisierung und Sponsoring

GRIN Verlag

GRIN - Your knowledge has value

Der GRIN Verlag publiziert seit 1998 wissenschaftliche Arbeiten von Studenten, Hochschullehrern und anderen Akademikern als eBook und gedrucktes Buch. Die Verlagswebsite www.grin.com ist die ideale Plattform zur Veröffentlichung von Hausarbeiten, Abschlussarbeiten, wissenschaftlichen Aufsätzen, Dissertationen und Fachbüchern.

Besuchen Sie uns im Internet:

http://www.grin.com/

http://www.facebook.com/grincom

http://www.twitter.com/grin_com

Deutsche Hochschule für
Prävention und Gesundheitsmanagement
Hermann Neuberger Sportschule 3
66123 Saarbrücken

Einsendeaufgabe

Fachmodul: Sportmarketing

Studiengang: Sportökonomie

Datum
Präsenzphase: 16.04. – 19.04.2018

Name, Vorname: Hübner, Lukas

Studienort: **Hamburg**

Semester: **4. Semester**

Inhaltsverzeichnis

1 SWOT-Analyse

Die Abkürzung SWOT leitet sich aus den englischen Wörtern für Stärken (engl.: strengths), Schwächen (engl.: weaknesses), Chancen (engl.: opportunities) und Risiken (engl.: threats) ab und ist ein wichtiges Instrument der strategischen Planung im Marketing. Sie liefert eine Darstellung der Stärken, sowie der Schwächen eines Unternehmens. Darüber hinaus sensibilisiert diese Analyse für mögliche Chancen, als auch für Risiken innerhalb der Unternehmensumwelt (Schumann, 2017, S.45). Im folgendem wird nun eine SWOT-Analyse für die TSG 1899 Hoffenheim durchgeführt.

1.1 Ressourcenanalyse – Stärken und Schwächen

Die Analyse von Stärken und Schwächen ist Teil der internen Ressourcenanalyse. Die TSG 1899 Hoffenheim weist verschiedene Stärken auf. Ein besonders großes Potenzial besitzt der Sportverein in der Ausbildung im Jugendbereich. In derweil drei Zentren fördert die TSG Akademie der Sinsheimer jugendliche Nachwuchstalente in ihren Eliteschulen nicht nur im Sportlichen, sondern auch im Schulischen. Von dieser guten Ausbildung von Jugendtalenten kann der Verein später profitieren, da in dieser Ausbildungsstätte die künftigen Talente für den Profibereich heranwachsen. Als Anerkennung für die gute Leistung des Vereins im Bereich der Nachwuchsförderung, wurde die Akademie mit der höchstmöglichen Auszeichnung vom Deutschen Fußball-Bund und der Deutschen Fußball Liga ausgezeichnet (Frommert, 2018a). Der derzeit anhaltende sportliche Erfolg bietet ebenfalls großes Potenzial. Bereits in der Saison 2016/2017 beendete Hoffenheim die Saison auf dem vierten Platz (Görlich & Mayer, 2018) und befindet sich derzeit nach dem 32. Spieltag ebenfalls auf Tabellenplatz vier (Frommert, 2018b). Dies hätte ein Qualifizierungsspiel für die Champions League zur Folge, was dem Verein deutliche Mehreinnahmen und eine steigende internationale Bekanntheit bescheren würde. Möchte man nun einen Vergleich zur regionalen Konkurrenz ziehen, so wäre die Eintracht Frankfurt zu nennen, welche sich derzeit mit einem deutlichen Rückstand auf dem siebten Tabellenplatz befindet. Weiter steht der derzeit jüngste Trainer der ersten Bundesliga, Julian Nagelsmann, für eine zusätzliche Stärke des Vereins. Seit der Saison 2010/2011 ist Nagelsmann in der Turn- und Sportgemeinschaft Hoffenheim tätig. Ehemals erfolgreicher Trainer einiger Jugendmannschaften des selben Vereins, ist er seit Februar 2016 als leitender

Betreuer der TSG in der ersten Bundesliga tätig (Frommert, 2016). Nicht nur der sportliche Erfolg, sondern auch sein positives mediales Auftreten lässt Nagelsmann zu einer Stärke des Vereins werden. Als letzte Stärke des Vereins ist eine hohe, durchschnittliche Stadionauslastung von rund 95 Prozent zu nennen, was unter anderem mit einer guten Infrastruktur und guten Anfahrtswegen zur Wirsol Rhein-Neckar-Arena zu erklären ist (Seidel, 2018a).

Um mit einer Analyse der Schwächen des Vereins zu beginnen, ist die noch herrschende finanzielle Abhängigkeit von Dietmar Hopp zu nennen. Seit Juli 2015 gehören dem ehemaligen Mäzen der TSG 96 Prozent der Stimmrechte, was für eine ganz klare Abhängigkeit spricht (Hinrichsen, 2015). Diese Abhängigkeit von einer Person birgt beim austreten des Investors große Risiken. Weitere Schwäche ist, dass der Verein zwar bereits 1899 unter dem Namen TV Hoffenheim gegründet wurde, er jedoch erst seit 2008 aufgrund des starken Investors in der ersten Bundesliga spielt. Dieser Aspekt hat zur Folge, dass der Verein nicht als traditionsgemäß angesehen wird und das Image kein allzu positives ist. Dies gilt sowohl für die Öffentlichkeit, als auf für das Ansehen gegenüber anderen Fan Clubs, wie beispielsweise der Generation Luzifer – Fan Club des 1. FC Kaiserslautern (Generation Luzifer, 2007).

1.2 Analyse der Unternehmensumwelt – Chancen und Risiken

Bereits in der Vergangenheit hat der Verein sehr lukrative Spielerverkäufe tätigen können. So wurden beispielsweise Talente wie Robert Firmino mit einer Differenz aus dem damaligen Marktwert und der Ablösesumme von 16 Millionen Euro oder Luiz Gustavo mit einer Differenz von 10,5 Millionen Euro abgegeben (Seidel, 2018b). Diese Chance besteht aufgrund der guten Jugendtalente, welche von Verein ausgebildet werden auch in Zukunft und kann den Verein so auf Dauer finanziell unabhängig machen. Weitere Chance des Vereins leitet sich daraus ab, dass der Stellenwert der Freizeit eine immer höhere Bedeutung in der Gesellschaft bekommt (Balzli, 2015). So kann es dem Verein möglich sein, die noch geringen Mitgliederzahlen des Vereins zu steigern. Als letzte Chance wäre die mögliche Teilnahme an der Champions League zu nennen, welche aus dem momentanen vierten Tabellenplatz resultiert. Diese Teilnahme würde beispielsweise Mehreinnahmen für den Verein bedeuten und die nationale, sowie internationale Bekanntheit des Vereins steigern. Dies hätte wohlmöglich zur Folge, dass der Verein auch für Spieler aus erfolgreichen Vereinen interessanter wird und die TSG am Transfermarkt bessere Chancen auf Neueinkäufe hat. Um wiederum die drohenden Risiken zu beleuchten wäre unter anderem das hohe Alter von Dietmar Hopp zu nennen. Derzeit ist der Mitbegründer des Hauptsponsors SAP 78 Jahre alt. Zwar sind keine gesundheitlichen Defizite bekannt, jedoch ist aufgrund des fortgeschrittenen Alters der Tot des Investors ein Risiko. Weiterfahrende Sponsorenleistungen seitens des Sohnes von Dietmar Hopp sind auch nach seinem Tod bereits festgehalten, jedoch weist dieser eher eine Leidenschaft für den Eishockeysport auf (Teevs, 2014). Da die TSG Hoffenheim derzeit noch keine signifikanten internationalen Erfolge verzeichnen konnte, ist auch der Abgang von Leistungsträgern der Mannschaft ein Risiko. Dem Verein könnte die Macht fehlen, mit vermögenden Vereinen zum Beispiels aus der englischen Premier League zu konkurrieren.

1.3 SWOT-Matrix

Die SWOT-Matrix ist eine grafische Verknüpfung von Zusammenhängen zwischen der internen Ressourcenanalyse sowie der Analyse der Unternehmensumwelt (Schumann, 2017, S.54).

Tab. 1: Darstellung der SWOT-Matrix (eigene Darstellung)

SWOT-Anayse		Externe Analyse	
		Chancen	Risiken
		- lukrative Spielerverkäufe in der Vergangenheit - Spielteilnahme an der Champions League - höheres gesellschaftliches Interesse an Freizeit	- Konkurrenz durch andere Regionale Vereine (z.B. Stuttgart, Frankfurt) - Abgang von Leistungsstarken Spielern - Langfristiger Ausfall von Leistungsträgern - Tod von Dietmar Hopp - demografischer Wandel
Interne Analyse	Stärken - hohe Stadionauslastung - Trainer Nagelsmann - gute Jugendarbeit - sportlicher Erfolg	- Gut ausgebildete Jugendspieler können auch in Zukunft gewinnerbringende Verkäufe erzielen - Das steigende gesellschaftliche Interesse an Freizeit nutzen, um Stadionauslastung weiter zu erhöhen.	- Die guten Jugendspieler können bei einem langfristigen Ausfall einiger Spieler diesen Mangel ersetzen. - Talente aus den Jugendmannschaften rechtzeitig in den Profikader holen, um sie an den Verein zu binden und um einen Wechsel zu anderen Vereinen auszuschließen
	Schwächen - Finanzielle Abhängigkeit von Dietmar Hopp - im Vergleich zu anderen Vereinen: kleines Stadion - wenig Tradition - wenig Vereinsmitglieder	- durch lukrative Spielerverkäufe nach und nach finanziell unabhängig von Dritten schaffen - hohes Interesse der Gesellschaft an Freizeit nutzen, um mehr Mitglieder an den Verein zu binden.	- Die Jugendarbeit muss weiterhin den hohen Stellenwert im Verein behalten. So kann die finanzielle Abhängigkeit von Dietmar Hopp und der mögliche Abgang von Spielern der Profimannschaft kompensiert werden. - Der Verein muss im Sinne des demografischen Wandels attraktiver für ältere Menschen werden um die Mitgliederzahlen zu erhöhen.

S-O-Strategien:

- Wie bereits in der Analyse der Chancen des Vereins erwähnt, hat die TSG Hoffenheim in der Vergangenheit hohe Erlöse erzielen können, indem der Verein Talente gewinnbringend verkauft hat (Seidel, 2018b). Das gute Ausbilden von Jugendspielern kann der TSG auch in Zukunft lukrative Geschäfte bescheren und so das Ziel sichern, den Verein langfristig finanziell unabhängig machen. Somit wäre der Verein bei einem Ausscheiden des Hauptsponsors SAP nicht stark getroffen.

- Das anhaltende hohe gesellschaftliche Interesse an Fußball muss weiterhin wahrgenommen werden, um so die Stadionauslastung weiter zu erhöhen. Dies hätte zur Folge, dass Mehreinnahmen aus Ticketverkäufen generiert werden. Dieses könnte ebenfalls das Ziel realisieren, den Verein unabhängig von Dritten zu machen. Auch könnte es der Verein mit geeigneten Maßnahmen schaffen durch das hohe Interesse an Freizeit mehr Mitglieder an den Verein zu binden.

W-O-Strategien:

- durch lukrative Spielerverkäufe in der Vergangenheit kann der sich die TSG Hoffenheim aus der finanziellen Abhängigkeit von Dietmar Hopp lösen. Ziel ist somit eine größtmögliche Unabhängigkeit gegenüber den Investoren.
- Das hohe Interesse der Gesellschaft muss im Fokus des Vereins liegen, um mehr Mitglieder an den Verein zu Binden. Dies hätte zum einen zur Folge, dass die Markenbekanntheit steigt und mehr Einnahmen durch Mitgliedsbeiträge, den Verkauf von Fanartikeln und Ticketverkäufen generiert werden.

S-T-Strategien:

- Die guten Jugendspieler können bei einem langfristigen Ausfall einiger Spieler aus dem Profikader diesen Mangel ersetzen. Ebenso hätte dies den Effekt dass die Jugendspieler die Aufstiegschancen besser wahrnehmen und so dem Verein treu bleiben.
- Talente aus den Jugendmannschaften sollen rechtzeitig in den Profikader aufrücken, um sie an den Verein zu binden und einen Wechsel zu anderen regionalen Vereinen auszuschließen. Ziel ist also, den Jugendlichen die Karrierechancen im Verein rechtzeitig aufzuzeigen und so weiterhin kostengünstig neue, junge Talente zu gewinnen.

W-T-Strategien:

- Die Schwäche der finanziellen Abhängigkeit von Dietmar Hopp und das stetige Risiko des möglichen Abgangs von guten Spielern aus dem Profikader soll mithilfe einer weiteren Investition in den Jugendgereich ausgeglichen werden. Wenn das Ziel einer ausgezeichneten Jugendarbeit seinen sehr hohen Stellenwert behält, können so mangelnde finanzielle Mittel, um einen Abgang von Leistungsträgern zu kompensieren ausgeglichen werden.
- Der demografische Wandel in Kombination mit geringen Mitgliederzahlen zwingen den Verein ebenfalls zum Handeln. Eine mögliche Strategie, dem entgegenzuwirken muss sein, den Verein für ältere Personen aus der Region attraktiver zu machen. Dies könnte

beispielsweise mit besonderen Ticketpreisen oder auch besonderen Anreisemöglichkeiten zum Spiel erreicht werden. Weiter könnte eine Strategie sein, dass der Verein vermehrt auf Social-Media-Marketing setzt um dem demografischen Wandel entgegenzuwirken, da diese Kanäle überwiegend junge Leute nutzen.

2 Merchandising und Licensing

Die Hauptaufgabe des Merchandisings und Licensings ist es, den Bekanntheitsgrad einer Marke zu steigern, sowie die Bindung an diese zu festigen. Neben diesen beiden Aspekten zählt das generieren von Umsatz zu den Hauptaufgaben dieser beiden Punkte.

Die folgenden Punkte beschreiben das Merchandisingsortiment eines Volleyballvereins anlässlich seines 30-Jährigen Jubiläums.

2.1 Wer

Das Thema des Merchandisings ist sehr umfangreich und erfordert für eine erfolgreiche Kampagne spezielles Fachwissen. Da diese Fachkompetenz in dem Verein nur begrenzt vorhanden ist, wurde das Geschäftsmodell der Auslagerung betrieblicher Teilfunktionen ausgewählt. Das Entwerfen der Produkte, sowie der abschließende Direktverkauf wird vom Verein übernommen. Ausgelagert wird die Produktion der Artikel aufgrund mangelnder Ressourcen in Form von Rohstoffen und technischen Anlagen, welche zur Herstellung notwendig sind.

2.2 Was

Die kommenden Punkte beschreiben das Produktsortiment des Volleyballvereins. Anlass für ein solches Sortiment ist das 30jährige Bestehen des Vereins.

Tab. 2: Das Merchandisingsortiment (eigene Darstellung)

Artikel	Produktbeschreibung	Sortimentsarchitektur	Planungsbezug
Turnbeutel	-Turnbeutel in schwarzer Grundfarbe -bedruckt mit dem Vereinswappen sowie dem weißen Schriftzug „est. 1987"	Teil des Kernsortiments	Saisonunabhängig
Schal	-Hergestellt in den Vereinsfarben -bedruckt mit dem Vereinswappen sowie dem schwarzen Schriftzug „est. 1987"	Teil des Zusatzsortiments	Saisonunabhängig
Unisex-Cap	-Unisex-Cap verfügbar in 5 Farben -bedruckt mit dem Vereinswappen sowie dem schwarzen Schriftzug „est. 1987"	Teil des Kernsortiments	Saisonspezifisch
T-Shirt für Damen Und Herren mit Geschlechterspezifischem Schnitt	-Shirts in sieben Farben (Grau, Grün, Blau, Weiß, Schwarz, Rosa, Gelb) -bedruckt mit dem Vereinswappen auf der linken Brust und dem Schriftzug „est. 1987" in schwarz im Nacken	Teil des Kernsortiments	Saisonunabhängig
Jubiläums-Shirt für Damen und Herren mit Geschlechterspezifischem Schnitt	-Shirts in fünf Farben (Blau, Grau, Schwarz, Weiß, Grün) -bedruckt mit dem Vereinswappen auf der linken Brust und dem Schriftzug „est. 1987" in schwarz im Nacken -Schriftzug „30 Jahre" und direkt darunter der Name des Vereins auf der Brust	Teil des Kernsortiments	Aktionsspezifisch
T-Shirt für Kinder und Jugendliche	-Shirts in fünf Farben (Rot, Grün, Gelb, Blau, Schwarz) -bedruckt mit dem Vereinswappen auf der linken Brust und dem Schriftzug „est. 1987" in schwarz im Nacken	Teil des Kernsortiments	Saisonunabhängig

2.3 Wem

Sportlich, freundlich und familiär sind drei Attribute, welche sich der Verein selbst zuschreibt. Um das Merchandising zielgerichtet betreiben zu können, muss sich zuerst angesehen werden, wie die Hauptzielgruppe aussieht. Eine Zielgruppe sind die bereits bestehenden Mitglieder und Fans des Vereins. Hier soll die Identifikation mit dem Verein, sowie die Bindung an den Verein gestärkt werden, was zu einer höheren Kaufbereitschaft von Fanartikeln und Eintrittskarten führt (Schumann, 2017, S. 325). Weitere Zielgruppe sind Kinder und Jugendliche im Alter von etwa 8-15 Jahren mit einer Begeisterung für Volleyball. Dieser Gruppe soll die Leidenschaft am Sport, insbesondere der Spaß am Volleyball näher gebracht werden.

2.4 Bedingungen

Um die Konditionen für die Fanartikel festzulegen, muss als erstes entscheiden werden, welche preispolitische Strategie man verfolgt. In diesem Beispiel wurde sich für die Marktpreisstrategie entschieden. Hier orientiert man sich an den am Markt vorherrschenden Preisen und bewegt sich ebenfalls in etwa in dieser Preiskategorie (Schumann, 2017, S. 334). Die Orientierung an den Preisen anderer Volleyballvereine in der Region dient als Grundlage für die folgenden Konditionen.

Tab. 3: Preisstrukturen der Fanartikel (eigene Darstellung)

Artikel	Preis EK (in Euro)	Preis Mitglieder (in Euro)	Preis Nicht-Mitglieder (in Euro)
Turnbeutel	6,99	10,99	13,99
Schal	5,99	14,99	17,99
Unisex-Cap	7,99	12,99	15,99
T-Shirt für Damen Und Herren mit Geschlechterspezifischem Schnitt	10,99	22,99	24,99
Jubiläums-Shirt für Damen und Herren mit Geschlechterspezifischem Schnitt	11,99	19,99	22,99
T-Shirt für Kinder und Jugendliche	8,99	12,99	14,99

2.5 Kanäle

Um die Frage zu beantworten, auf welchen Wegen die Fanartikel an die Kunden gebracht werden sind verschiedene Kanäle zu nennen. Zum einen stehen die Artikel bei sämtlichen Heimspielen der beiden Profimannschaften zum Verkauf. Hierfür wird ein fester Verkaufsstand eingerichtet. Dieser Stand soll ebenfalls bei allen Vereinsfesten und großen Wettkämpfen geöffnet werden. Weiterer Standpunkt des Verkaufs wird die Gastronomie des Vereins. Auch hier soll das Fanartikelsortiment des Vereins zum Kauf angeboten werden. Um unabhängiger von den Spieltagen zu sein, sollen als letzte Verkaufsorte regionale Mode- und Sportgeschäfte dienen. In diesen Läden soll eine kleine Abteilung mit den Fanartikeln des Vereins eingerichtet werden. Mit dieser Möglichkeit können mehr Leute erreicht werden, auch wenn das Vereinsgelände geschlossen ist.

2.6 Begleitmaßnahmen

Um ein Produkt erfolgreich an den Kunden zu bringen müssen verschiedene Parameter klar definiert werden. Hierzu zählen unter anderem, was für ein Budget für welche Maßnahmen zur Verfügung steht (Rohlmann, 2011, S. 255 ff.). Begleitend zu den Verkaufsständen Plane ich eine zielgruppenorientierte Vermarktungskampagne auf den Kanälen der sozialen Netzwerke. Ebenfalls soll vor Beginn der Saison ein Artikel in den regionalen Zeitschriften und Sportmagazinen ein Beitrag erscheinen, welcher die Fanartikel zum 30jährigen Jubiläum des Vereins vorstellt. Zuletzt sollen die Produkte auf extra angelegten Flyern bei den Heimspielen der beiden Profimannschaften angepriesen werden.

2.7 Zeitraum

Der Zeitraum der Jubiläumsartikel des Vereins ist klar definiert. Beworben sollen sie bereits im Voraus der Saison werden. Der erste Verkauf startet mit den ersten, großen Freundschaftsspielen und Turnieren die in den heimischen Anlagen stattfinden. Der eigentliche Hauptverkauf soll dann am ersten Saisonspiel der Profimannschaften beginnen und endet mit dem letzten Heimspiel. Die saisonunabhängigen Fanartikel sollen auch nach dem letzten Heimspiel weiterhin an allen Verkaufsstellen angeboten werden.

3 Digitalisierung

Folgt man Pousttchi (2017), so bezeichnet die digitale Transformation „erhebliche Veränderungen des Alltagslebens, der Wirtschaft und der Gesellschaft durch die Verwendung digitaler Technologien und Techniken sowie deren Auswirkungen.". Dieser Wandel von analogen Werten zu digitalen Daten geht auch am Vereinsleben nicht vorbei. Um dieser Veränderung zu folgen ist es von Nöten sich Strategien hierfür zu überlegen. Die folgenden Punkte befassen sich mit dem Vorhaben der Entwicklung einer Vereinseigenen Applikation.

3.1 Der Verein im Überblick

Die folgende Tabelle stellt kurz die wichtigsten Parameter des Vereins vor. Dieser Verein bildet ebenfalls die Grundlage für sämtliche Aufgaben zur Digitalisierung.

Tab. 4: Vorstellung des Vereins (eigene Darstellung)

Vereinstyp und –angebot	Jugendorientierter Leistungssportverein im Bereich Fußball und Tennis
Mitgliederzahl	1300
Anzahl bezahlter Mitarbeiter	9
Anzahl ehrenamtlicher Mitarbeiter	38

3.2 Zielgruppen und Marketingziele der Applikation

Nachstehend werden zwei Zielgruppen und die dazugehörigen Marketingziele tabellarisch aufgeführt.

Tab. 5: Zielgruppen und Marketingziele der Applikation (eigene Darstellung)

Zielgruppe	Marketingziele
Fans des Vereins - regelmäßige Stadionbesuche - überwiegend männlich - Alter: 15-55 Jahre	1. Stärkere Bindung an den Verein 2. Beliebtheit bei Anhängern und Interessenten des Vereins steigern
Mitglieder des Vereins - männliche und weibliche Mitglieder - Alter: 13-45 Jahre - zahlendes Vereinsmitglied	1. Zufriedenheit der Mitglieder des Vereins durch mehr Transparenz im Verein – Jeder kann über alle aktuellen Themen Bescheid wissen. 2. Bindung an den Verein festigen.

3.3 Inhalt und Mehrwert der Applikation

Um dem Wandel einer schnell einhergehenden Digitalisierung zu folgen, ist es auch im Vereinsleben von Nöten, sich über dieses Thema Gedanken zu machen. Um diesen Verein auch im digitalen Zeitalter weiterhin attraktiv zu machen, wurde sich für eine Vereins-App entschieden.

Folgend werden einige Inhalte dieser Applikation mit dem jeweiligen Mehrwehrt für Verein und User vorgestellt.

Tab. 6: Inhalte der Vereins-App (eigene Darstellung)

Themen	Mehrwert für den Kunden	Mehrwert für den User
Aktuelle News des Vereins	- mehr Leute mit weniger Aufwand erreichen - schnellere Verbreitung von Informationen	- auch passive Mitglieder werden über das Vereinsgeschehen benachrichtigt/erreicht - alle Infos auf einen Blick
Mannschaften und Kaderlisten	- Übersicht über Mannschaften für Interessierte - Repräsentation des Vereins - Ansprechpartner in Form von Trainern und Assistenten einfach darstellbar - stärkere Identifikation der Fans mit dem Team	- genauer Überblick für Fans → „Wer spielt wo?" - Informationen über Trainingszeiten für Interessenten
Live-Ticker	-höhere Identifikation der Fans mit dem Verein wenn man jedes Spiel live mitverfolgen kann -stärkere emotionale Bindung an den Verein	- keine Aufwändige Recherche, wie das Spiel verlief -man kann dem Spielgeschehen von überall kostenlos folgen
Alle Spiele – Alle Tore	- mehr Fans im Stadion wenn Spieltage und –zeiten einfach einzusehen sind	- kurze Zusammenfassung der Spieltage inklusive der Torschützen - leichtes Abrufen aller Spieltage und deren Ergebnisse

3.4 Chancen und Risiken einer Vereins-App

Eine Vereins-App im Sinne der Digitalisierung kann ein wichtiger Schritt sein, sich weiterzuentwickeln. Diese Entscheidung könnte eine neue, jüngere Zielgruppe ansprechen. Ebenso könnte die Bereitstellung einer solchen Applikation die Bindung der Fans an den Verein stärken, da so ein hoher Informationsfluss gewährt werden kann. Ebenso ist eine Anwendung für mobile Endgeräte derzeit noch selten im Vereinsleben, was somit noch ein Abgrenzungsmerkmal zu andern Vereinen ist. Letztendlich kann dieses Vorhaben die

Bekanntheit des Vereins ausweiten, da so mehr über aktuelle Themen im Verein diskutiert werden kann und Daten des Vereins von überall problemlos eingesehen werden können.

Auch wenn ein Verein die Chance nutzt, dem Verlauf einer zunehmenden Digitalisierung zu folgen, kann dies einige Risiken beherbergen. So könnte zwar ein Spielplan der leicht einsehbar in der App ist dazu führen, dass mehr Leute in das Stadion gehen, ein Live-Ticker hingegen könnte jedoch Fans aus dem Stadion ziehen. Die Bereitstellung eines kostenlosen Live-Ticker könnte somit eine Minderung der Einnahmen aus verkauften Tickets mit sich ziehen. Weiteres Risiko wäre, wenn man den Informationsfluss auf die Applikation begrenzt, dass sich ältere Leute ohne Smartphone ausgegrenzt fühlen könnten. Als letztes Risiko ist zu erwähnen, dass auch eine solche App ständig gepflegt und aktualisiert werde muss, da es sonst einen unprofessionellen Eindruck bei den Nutzern macht.

3.5 Bekanntheitsgrad

Um den Bekanntheitsgrad der App und somit auch die Bekanntheit des Vereins zu erweitern müssen diverse Strategien entwickelt werden. Das erste Vorhaben um dieses Ziel zu erreichen ist das entwickeln eines QR-Codes. Er soll unter anderem in der Stadionzeitung, auf den Eintrittskarten und auf Plakaten auf dem Vereinsgelände gedruckt werden. Nach dem einscannen des QR-Codes werden die User dann direkt auf den Download der Applikation im App-Store oder Play Store weitergeleitet. Weiter sollten die Nutzer der vereinseigenen Anwendung einen Vorteil erhalten. So könnten beispielsweise vergünstigte Merchandise Artikel oder rabattierte Eintrittskarten, wenn man einen Kauf über die App tätigt, mehr Menschen zum Erwerb dieser Applikation bringen.

Weitere Maßnahme zur Steigerung der Bekanntheit ist, dass Trainer und Leiter den Spielern die Vorteile der App nahebringen um sie zum Download zu bewegen. Zusätzlich soll auf Versammlungen kurz auf die App hingewiesen werden. Als letzte Möglichkeit ist zu nennen, dass auf den Kanälen der sozialen Medien ebenfalls auf die Vorteile und Möglichkeiten der Vereins-App hingewiesen werden soll. Auch hier soll eine direkte Weiterleitung in den App-Store oder Play Store den potenziellen User umgehend zum Handeln zu bringen.

4 Sponsoring

Die Bereitstellung von Mitteln zur Förderung von Personen oder Organisationen um die Ziele der eigenen Unternehmenskommunikation zu erreichen beschreibt das Sponsoring in einigen Worten. Hauptmerkmal des Sponsorings ist, dass eine Leistung immer eine gewisse Gegenleistung mit sich ziehen muss (Schumann, 2017, S.229). Weiter muss diese Art der Förderung stets systematisch und geplant ablaufen, um einen späteren Erfolg des Sponsorings ermitteln zu können.

Im Folgendem wird ein Wirtschaftsunternehmen vorgestellt, welches sich an einem Laufevent einer mittelgroßen Stadt in Baden-Württemberg in Form von Sponsoring beteiligen möchte.

4.1 Beschreibung des Wirtschaftsunternehmens

Die untenstehende Abbildung zeigt eine genauere Beschreibung des Wirtschaftsunternehmens, welches sich für eine Sponsorship entschieden hat.

Tab. 7: Vorstellung des Wirtschaftsunternehmens (eigene Darstellung)

Name des Unternehmens:	FitLife GmbH
Produktpalette:	- Pulsuhren - Pulsmessgurte - Smartwatch - Fitnesstracker - Zeitmesstransponder
Zielgruppe:	- Sportaffin, insbesondere Ausdauersport - Erwachsen (16-45 Jahre) - Männer sowie Frauen - aktive und abenteuerlustige Menschen
Distributionskanäle:	- B2B (FitLife GmbH verkauft an Fitnessstudios, Sportfachgeschäfte, Elektronikgeschäfte) - Direktvertrieb über einen Onlineshop - vereinzelt kleine Shops in Einkaufszentren
Kommunikationsinstrumente:	- Social-Media-Kanäle (Facebook, Instagram, Twitter und Snapchat) - TV Werbespots - Flyer, Produktkataloge

4.2 Phasen des Sponsoring

Das Entwerfen eines genauen Konzeptes ist im Bereich des Sponsorings von Nöten, um genaue Ziele, mit den geeigneten Strategien und später seinen Erfolg kontrollieren zu können.

Die folgende Tabelle zeigt die verschiedenen Phasen des Sponsoringprozess.

Tab. 8: Sponsoringprozess aus Sicht der FitLife GmbH (eigene Darstellung)

Festlegung der Ziele	1. Ökonomische Ziele: Weitere B2B Kontakte in Form von neuen Kooperationspartnern gewinnen und Steigerung des Umsatzes 2. Psychologische Ziele: Markenbekanntheit ausbauen und Markenimage verbessern
Schnittmengenanalyse der Zielgruppen	Zielgruppe FitLife GmbH: - Sportaffine Männer und Frauen, insbesondere Ausdauersportaffinität - Aktive, abenteuerlustige Menschen - Alter der Zielgruppe: 16-45 Jahre Zielgruppe Laufevent: - Aktive Sportler (Teilnehmer am Lauf) - Passive Sportler (Zuschauer, welche Läufer anfeuern) - Sportinteressierte, aktive Menschen - Männer und Frauen - jeglichen Alters Schnittmenge: - Sportaffine Männer und Frauen - Affinität für Ausdauersport - Alter zwischen 16-45 Jahre
Einzelmaßnahmen Sponsoring	- Bedrucken der Banden an relevanten Checkpoints mit Firmenlogo und Schriftzug (am Verpflegungsstand nach 5km, 17km und große Banden am Ziellauf), da hier besonders viele Zuschauer sind und der Ziellauf vermutlich auf vielen Fotos in den Medien gezeigt wird. - Bedrucken der Ziellinie mit Firmenlogo und Schriftzug - Bereitstellen der Zeitmesstransponder für die Läufer, welche mit dem Firmenlogo bedruckt - Vergabe von Pulsuhren an Teilnehmer des Laufen um Sie von der Qualität der Produkte zu überzeugen - Bedrucken von Turnbeuteln mit dem Firmenlogo und Schriftzug, welche die Give-aways der anderen Sponsoren beinhalten - Infostand bei der Läufermesse und vor dem Start
Erfolgskontrolle	Um den Erfolg der psychologischen Ziele zu kontrollieren, müssen aussagekräftige Umfragen stattfinden. Als Ausgangswert dienen die Angaben der Befragten vor dem Laufevent. Um die Ökonomischen Ziele im Sinne des Erfolges bezüglich des Sponsorships zu kontrollieren sind ebenfalls Ausgangswerte heranzuziehen. Hierfür dienen die Umsatzahlen vor dem Laufevent. Wenn die Ökonomischen Ziele erfüllt wurden, ist der Umsatz nach dem Laufevent angestiegen. Weiter ist im Anschluss nachzusehen, ob neue Kooperationspartner gefunden wurden und neue B2B Kontakte geknüpft wurden.

5   Literaturverzeichnis

Balzli, B. (Dezember 2015). *Deutsche wollen 2016 mehr Freizeit.* Zugriff am: 01.05.2018. Verfügbar unter: https://www.wiwo.de/erfolg/beruf/karriereziele-deutsche-wollen-2016-mehr-freizeit/12720092.html

Frommert, C. (2016). *Julian Nagelsmann übernimmt Traineramt.* Zugriff am: 29.04.2018. Verfügbar unter: https://www.achtzehn99.de/newsarchiv-2/newsarchiv-2016/februar-2016/julian-nagelsmann-uebernimmt-traineramt/

Frommert, C. (2018a). *Alle wichtigen Infos zur TSG Akademie.* Zugriff am: 29.04.2018. Verfügbar unter: https://www.achtzehn99.de/akademie/ueberblick-akademie/

Frommert, C. (2018b). *Tabelle Profis 32. Spieltag.* Zugriff am: 29.04.2018. Verfügbar unter: https://www.achtzehn99.de/profis/tabelle/

Generation Luzifer. (2007). *Offener Brief der FCK-Fanszene an Dietmar Hopp.* Zugriff am: 30.04.2018. Verfügbar unter: https://www.der-betze-brennt.de/news/3170-offener-brief-der-fck-fanszene-an-dietmar-hopp.php

Görlich, P., & Mayer, J. (2018). *Falldarstellung: TSG 1899 Hoffenheim – Herkunft und Strategie.* In: Lanwehr R., Mayer J. (Hrsg.) People Analytics im Profifußball. Wirtschaft – Organisation – Personal. Wiesbaden: Springer Gabler.

Hinrichsen, H. (2015, 14. Februar). King of Kraichgau. *Stuttgarter Zeitung.*

Pousttchi, K. (2017). *Digitale Transformation.* Zugriff am: 02.05.2018. Verfügbar unter: http://www.enzyklopaedie-der-wirtschaftsinformatik.de/lexikon/technologien-methoden/Informatik--Grundlagen/digitalisierung/digitale-transformation

Rohlmann, P. (2011). *Merchandising im Sport.* In: Gerd Nufer und André Bühler (Hrsg.): Marketing im Sport. Grundlagen, Trends und internationale Perspektiven des modernen Sportmarketing. 2., völlig neu bearbeitete und wesentlich erweiterte Aufl. Berlin: Erich Schmidt, S.233-264.

Schumann, O. (2017). *Studienbrief Sportmarketing* (Rev. 18.016.000). Saarbrücken: Deutsche Hochschule für Prävention und Gesundheitsmanagement.

Seidel, M. (2018a). *Besucherzahlen 17/18.* Zugriff am: 29.04.2018. Verfügbar unter: https://www.transfermarkt.de/1-bundesliga/besucherzahlen/wettbewerb/L1/saison_id/2017/plus/1

Seidel, M. (2018b). *TSG 1899 Hoffenheim – Rekord-Abgänge.* Zugriff am: 02.05.2018. Verfügbar unter: https://www.transfermarkt.de/tsg-1899-hoffenheim/rekordabgaenge/verein/533/saison_id//pos//detailpos/0/w_s//plus/1

Teevs, C. (2014). *Hopp on Ice – Vom Milliardärssohn zum Sport-Manager.* Zugriff am: 02.05.2018. Verfügbar unter: http://www.spiegel.de/sport/wintersport/daniel-hopp-sohn-von-dietmar-hopp-ist-der-macher-im-eishockey-a-1006132.html

6 Tabellenverzeichnis